AF299442

REVUE
ARCHÉOLOGIQUE

PUBLIÉE SOUS LA DIRECTION

DE MM.

ALEX. BERTRAND ET G. PERROT

MEMBRES DE L'INSTITUT

G. DARESSY

MASTABAS

DE MERRU-KA ET DE KA-BI-N

PARIS

ERNEST LEROUX, ÉDITEUR

28, RUE BONAPARTE, 28

1896

N. B. — Tout ce qui est relatif à la rédaction doit être adressé à M. Alexandre BERTRAND, de l'Institut, au Musée de Saint-Germain-en-Laye (Seine-et-Oise), ou à M. G. PERROT, de l'Institut, rue d'Ulm, 45, à Paris.

Les livres dont on désire qu'il soit rendu compte devront être déposés au bureau de la *Revue*, 28, rue Bonaparte, à Paris.

L'Administration et le Bureau de la *REVUE ARCHÉOLOGIQUE* sont à la LIBRAIRIE ERNEST LEROUX, 28, rue Bonaparte, Paris.

CONDITIONS DE L'ABONNEMENT

La *Revue Archéologique* paraît par fascicules mensuels de 64 à 80 pages grand in-8, qui forment à la fin de l'année deux volumes ornés de 24 planches et de nombreuses gravures intercalées dans le texte.

PRIX :

Pour Paris. Un an.............. 30 fr. | Pour les départements. Un an. 32 fr.
Un numéro mensuel............; 3 fr. | Pour l'Étranger. Un an........ 33 fr.

On s'abonne également chez tous les libraires des Départements et de l'Étranger.

MASTABAS

DE MERRU-KA ET DE KA-BI-N

———

La nécropole de Memphis est si vaste, elle a donné asile à tant de générations, qu'elle réserve encore bien des surprises aux archéologues. Les fouilles des Arabes, puis celles du Service des Antiquités de l'Égypte n'ont fait connaître qu'une faible partie des merveilles qui y sont cachées.

Les travaux de Mariette-Pacha ont eu surtout pour champ la région qui avoisine le Sérapeum et la pyramide à degrés. Cet espace fouillé à nouveau par MM. Maspero et Grébaut semblait être un des plus complètement connus de la nécropole. Cependant, au commencement de cette année, M. de Morgan trouvait dans cette même zone, à l'intérieur d'une tombe ignorée, deux statues représentant un scribe accroupi et un personnage assis, qui peuvent compter parmi les plus belles œuvres de la statuaire égyptienne.

Il s'en faut cependant que cette région soit la plus riche en sépultures de l'Ancien Empire ; d'autres points sont aussi remplis de tombes, mais ils avaient été délaissés jusqu'à présent, soit à cause de l'éloignement dans le désert et la difficulté de réunir les ouvriers, soit surtout par suite de la grande épaisseur de sable qui y est amoncelé et rend les fouilles plus dispendieuses.

Pendant le dernier été, M. de Morgan attaqua un de ces points restés blancs sur la carte de Mariette. A l'ouest du Sérapeum grec, et à une cinquantaine de mètres au nord-est de la pyramide de Teta, un peu au nord de l'avenue des Sphinx, un sondage entrepris au mois de juillet fit reconnaître l'existence d'une chambre de mastaba qu'on déblaya.

De nombreux bas-reliefs en couvraient les murs; on décida de

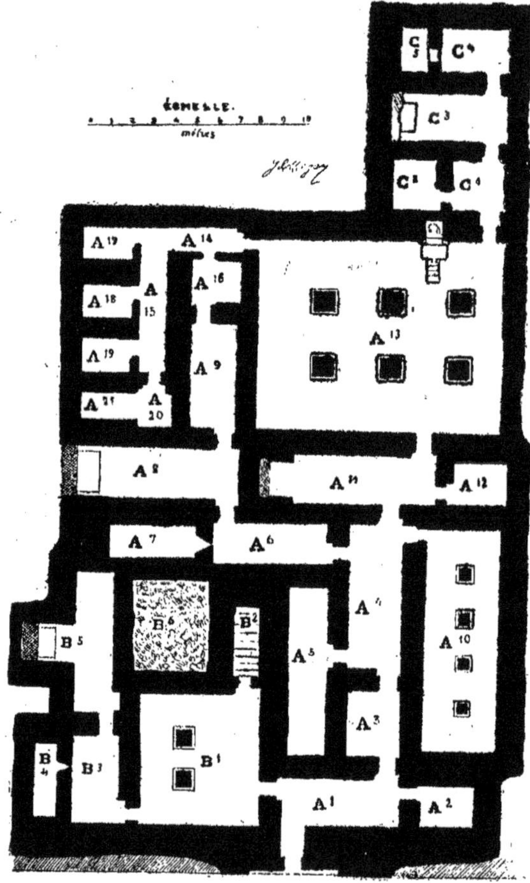

Fig. 1.

continuer le déblaiement; une seconde chambre fut mise à jour,
puis une troisième.

Mais, au fur et à mesure qu'une salle était dégagée, de nouvelles se présentaient, si bien que, lorsque la porte d'entrée de l'édifice fut enfin atteinte, au mois de septembre, on n'était plus qu'à 20 mètres de la pyramide.

Ce mastaba est le plus vaste de l'Ancien Empire : il ne compte pas moins de trente-deux salles, alors que celui de Ti n'en a que six et que la plupart des autres n'en renferment que deux ou trois.

En réalité, cet édifice est la réunion de trois tombes : celle de Merru-ka, dit Mera, haut fonctionnaire du commencement de la VI° dynastie, celle de sa femme Heruât-khert, dite Sechsecht, fille d'un roi qui n'est pas nommé, et enfin celle de leur fils Tetameri, surnommé Mera comme son père.

Les appartements funéraires de Merru-ka, comprenant vingt-et-une pièces, l'emportent à eux seuls sur les mastabas connus jusqu'à ce jour ; la tombe de Sechsecht en contient six et celle de Tetameri cinq. La moitié seule de ces salles a les murs couverts de bas-reliefs. Les pièces non décorées sont soit des serdabs (locaux dans lesquels on enfermait les statues du mort), soit des magasins pour les provisions, soit des entrées de puits funéraires.

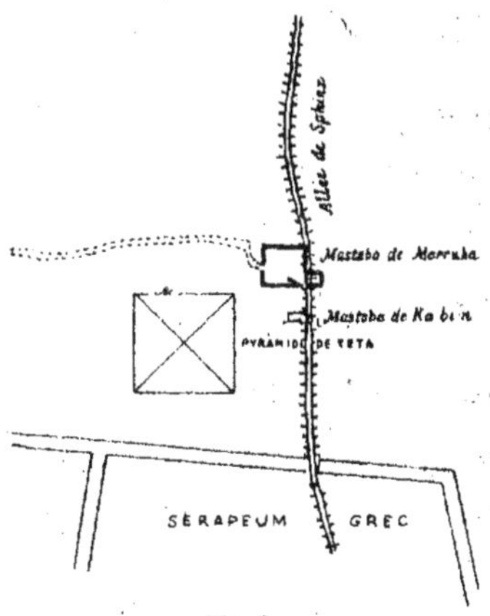

Fig. 2.

L'ornementation des parois n'est pas, tant s'en faut, l'œuvre d'un seul sculpteur ; parfois, dans une même salle, on reconnaît la main de deux ou trois artistes. Quelques tableaux laissent beaucoup à désirer sous le rapport de l'exécution, mais la moyenne donne un bon spécimen de la gravure au commencement de la VI° dynastie, où une décadence de l'art commence déjà à se faire sentir.

Tous les bas-reliefs étaient peints : le noir, le rouge, le jaune, le bleu et le vert sont les couleurs qui paraissent le plus souvent. La peinture a résisté au temps en certaines parties ; en d'autres elle a disparu, enlevée par le frottement du sable.

Grâce au grand nombre de salles, et par suite à la grande surface de murs, les décorateurs ont pu multiplier les motifs : on trouve réunies dans ce monument presque toutes les scènes réparties dans les autres mastabas.

L'entrée est tournée vers le sud : c'est une dérogation à la coutume qui voulait que la façade regardât l'est ou le nord. Mariette pensait que lorsqu'il en était ainsi, le mastaba faisait partie d'un ensemble et était comme une dépendance d'un édifice très important. L'hypothèse se vérifie dans le cas présent ; le mastaba de Mera appartient à un groupe de tombeaux entourant la pyramide de Teta et en relation avec elle. Mera était prêtre de cette pyramide : il était convenable que sa porte fût le plus près possible du monument auquel il était attaché pour l'éternité.

L'encadrement de la porte est en calcaire siliceux, tout le reste du mastaba est en pierre de Tourah.

Suivant l'usage, un tambour cylindrique surmonte la baie et donne les noms du défunt. Sur les montants sont énumérés les principaux titres de Mera, qui est ici qualifié : « Instructeur des prophètes de la pyramide Dad-asu du fils du Soleil Teta, prince, secrétaire adjoint, introducteur, directeur de la manœuvre (des barques sacrées ?), chef des trônes......., chargé du Sokar, gouverneur des salles de Neith, secrétaire du tribunal, préfet, préposé à la comptabilité du roi, ami unique, secrétaire en chef du Conseil des Six, commandant aux fonctionnaires, chef de toutes les fonctions sacrées, secrétaire en chef du palais, prophète des Esprits de Pa — le noble, officiant principal, chancelier royal, sam, directeur de tout l'habillement (des divinités), administrateur de Buto, intendant des dieux..., chef des grands du palais, ancien dans Nekhen, gardien de Nekhen, écrivain en chef, préposé à la purification de la double maison, prophète des Esprits de Nekhen. »

Cette liste déjà longue n'est pas encore complète et dans diverses inscriptions de l'intérieur du tombeau sont mentionnés quelques titres non énumérés ici.

Sous la porte, à droite, un bas relief d'une grande finesse représente Mera peignant sur un panneau deux femmes et un homme assis, symbolisant les tétraménies de l'inondation (*Chat*), de la germination (*Pert*) et de la récolte (*Chemu*).

La première salle sert de vestibule : dans ses parois nord et ouest s'ouvrent les portes des appartements de Mera et de Sechsecht.

Sur le mur méridional le défunt se livre à la chasse au marais.

Monté sur une barque légère en papyrus, il navigue au milieu des roseaux et lance sur les oiseaux le bâton courbé semblable au boumerang. Des crocodiles, des hippopotames, des poissons nagent dans l'eau ; des ichneumons ravissent dans leurs nids de petits oiseaux que leurs parents essaient de défendre ; des sauterelles et des grenouilles sautent sur le sol.

Plus loin, des bœufs traversent l'eau, un crocodile semble les guetter au passage ; les cultivateurs arrosent les champs avec l'eau amenée du fleuve dans de grands vases portés par des hommes.

Sur la paroi opposée, pendant que Mera se livre au plaisir de la pêche et vient de harponner deux énormes poissons, d'autres personnes poursuivent des hippopotames. La lance barbelée, une fois enfoncée dans le corps de la bête, reste attachée à une corde que le chasseur tient en main ; l'animal blessé ne peut ainsi échapper par la fuite.

La seconde chambre, dont les murs ne sont pas ornés, est bâtie au-dessus de l'ouverture d'un puits de quatre mètres de profondeur, dans lequel on n'a trouvé que des débris de vases en albâtre et en terre cuite.

Sur la paroi occidentale de la pièce carrée A3 est représentée la chasse dans le désert : de grands lévriers se jettent sur des gazelles et des antilopes de plusieurs espèces. Plus loin, un lion assis mange le mufle d'un taureau.

Sur le mur opposé sont figurés des artisans. Des orfèvres pèsent l'or, le fondent dans des creusets, le coulent ou le martèlent à l'aide de pierres pour en former des vases. Des menuisiers fabriquent un lit et des coffres, des marbriers évident des vases en pierre, etc.

Sur le mur ouest de la quatrième salle, des accusés sont amenés par des gardes devant un tribunal : des scribes inscrivent sur des tablettes les motifs de plaintes et les punitions sont infligées de suite sous forme de bastonnade.

La majeure partie du mur opposé est consacrée à des scènes de pêche. Les poissons sont capturés au moyen de différents engins : ligne, nasse, trouble, grande senne tirée par dix-huit pêcheurs.

La chambre A5 n'est pas décorée; quelques bas-reliefs curieux ornent la salle A6.

Sur la paroi sud on fait le recensement des animaux domestiques : bœufs, chèvres, antilopes, etc...; plus loin les propriétés de Mera sont symbolisées par des femmes portant les produits du sol. Les noms des domaines commencent en général par le cartouche d'un roi, probablement celui du souverain sous lequel les biens du défunt se sont accrus de la propriété.

Le mur de l'ouest nous montre les volatiles de basse-cour : oies, canards, pigeons s'ébattent dans une prairie. Les grues sont l'objet de soins spéciaux : on jette du grain aux adultes, les jeunes sont gavées avec une bouillie cuite.

Sur le mur nord figure l'abatage des bœufs, puis la pêche du poisson avec le grand filet traîné par vingt-trois hommes.

A7 était le serdab de Mera, sans autre communication avec la pièce A6 qu'une étroite fente verticale devant laquelle les parents du défunt pouvaient venir brûler de l'encens aux fêtes des morts.

Sur les parois de la huitième salle, de longues files de serviteurs apportent des aliments au défunt. Le fond de la salle à l'ouest est formé par une grande stèle en calcaire, d'un seul morceau, très soigneusement gravée. Les inscriptions qui la couvrent ne font qu'énumérer les titres de Mera.

La pièce A9 était réservée pour la toilette du défunt. Les tableaux représentent les domestiques transportant au tombeau les vases qui contiennent les sept essences sacrées, les coffres à vêtements et à bijoux, etc.

Quatre piliers carrés soutenaient le plafond de la chambre 10.

Sur le mur est, des hommes et des femmes dansent devant Mera; à l'ouest, il est accroupi sur un divan, vis-à-vis de sa femme Sechsecht qui joue de la harpe.

Les grands côtés de la salle 11 sont en mauvais état, mais à l'ouest le mur est constitué par une grande stèle assez bien conservée. Cette stèle d'aspect archaïque, dont les côtés sont ornés de longues rainures, n'offre d'inscriptions que sur le tambour cylindrique ; la porte est figurée fermée par un verrou et consolidée par des barres transversales.

La muraille nord de la chambre A12 représente la fabrication du vin. Les vendangeurs arrivent chargés de couffes pleines de raisin. Six hommes se maintenant à une poutre foulent les grappes en les piétinant. Deux tailleurs de pierre creusent une cuve ronde dans laquelle se fera l'opération. Enfin les grains sont enfermés dans un sac tendu entre deux bâtons. Lorsqu'on tourne ces bâtons en sens inverse, le marc est pressé et le jus s'écoulant à travers l'enveloppe est recueilli dans des vases.

Plus haut sont représentés les magasins où l'on enferme divers fruits : figues, jujubes (?), caroubes, etc..., après en avoir mesuré la quantité.

La chambre A13 est la plus grande de l'édifice ; six piliers quadrangulaires en soutenaient le plafond.

Vis-à-vis de la porte, un naos creusé dans la muraille renferme une statue du défunt, haute de $2^m,30$, analogue à la statue de Ti conservée au Musée de Gizeh. Mera est debout vêtu de la chenti empesée, la tête couverte d'une grosse perruque (pl. XVIII). A partir de l'époque saïte cette statue a été protégée par le chemin dallé du Sérapeum qui passait juste au-dessus.

Devant le naos, sur un socle précédé de quatre marches, est posée une table d'offrandes en albâtre.

Sur le mur du sud est gravée une scène de lamentation assez curieuse. Les pleureuses entourent le kher-heb venu pour accomplir les cérémonies funéraires. Elles poussent des cris, se jettent à terre, font le simulacre de déchirer leurs vêtements et de s'arracher les cheveux.

Plus loin des barques marchent à la voile et à la rame. On remarque que les Égyptiens manœuvraient leurs rames en trois temps, comme les bateliers du Nil le font encore de nos jours.

Sur le mur ouest sont représentés les bateaux qui conduisent Mera vers l'occident, la région des morts.

Au nord, Mera est porté en palanquin par douze serviteurs ; ses nains conduisent de grands lévriers et une panthère.

Dans d'autres tableaux on distribue la nourriture aux animaux de boucherie : bœuf, chèvres, gazelles. Des hyènes sont même mises à l'engraissement : on leur lie les pattes et on les renverse sur le dos pour leur faire avaler des morceaux de viande et des débris de volaille.

A l'extrémité du mur sont représentées des scènes de danse et d'acrobatie exécutées par des hommes et des femmes.

La muraille orientale est consacrée aux travaux champêtres. On y voit successivement le labourage au moyen de charrues traînées par des bœufs, l'ensemencement, la coupe des épis à la faucille et l'arrachage du chaume. Des cailles se promènent au milieu des blés, et des chasseurs en prennent au filet.

Le transport de la récolte à dos de baudets fournit au dessinateur le sujet d'exercer sa verve : charge tombant à terre, passage des gués, refus d'avancer des ânes, tout est ici reproduit. Enfin la paille est liée en bottes et mise en meules, le grain est criblé, mesuré et amoncelé en tas.

Dans l'angle sud-est, Mera perce des poissons avec son harpon à deux pointes.

Les corridors 14 et 15 desservent une série de chambres 16 à 24, basses de plafond, absolument nues à l'intérieur. Au-dessus de leur porte est marquée leur destination : ce sont : « Le bon magasin intérieur, le grand magasin intérieur, le magasin des coffres, le magasin frais et le grand magasin. »

Tous ces dépôts sont en outre qualifiés « de deuxième classe » ou « deuxième série ».

On n'a pas retrouvé la première série ; peut-être était-elle placée au-dessus.

Telles sont les pièces qui composent les appartements funéraires de Mera.

La sépulture de sa femme, Her-uât-khert, surnommée Sechsecht, occupe l'angle sud-ouest du mastaba ; son entrée est dans la paroi ouest de la salle A1.

La chambre B1 semble avoir d'abord été divisée en deux par un mur supprimé plus tard et remplacé par deux simples piliers carrés. La partie est, qui n'était pas sculptée, est restée telle quelle ; la moitié occidentale est seule ornée de bas-reliefs.

La défunte et son fils Teta-meri regardent pêcher à la senne, puis reçoivent les poissons, oiseaux aquatiques, lotus, etc., qui leur sont apportés en barques.

D'autres scènes se passent dans les champs : la saillie, le vêlage, la traite du lait sont successivement figurées.

B2 est un escalier par lequel on montait à la salle B6.

Dans la salle B3, cinq registres du mur nord sont occupés par des tableaux représentant des danseuses dans différentes attitudes.

B4 est le serdab non décoré comme toujours.

Au milieu du mur ouest de la chambre B5, une stèle monumentale occupe le fond d'un retrait. Elle est ornée de longues rainures verticales et de fleurs de lotus ; toute sa surface était couverte de petits dessins en plusieurs couleurs dont une partie s'est conservée. Le centre de la stèle figure une porte, au-dessus de laquelle le tambour cylindrique donne à Sechsecht les titres de grande fille royale et de prêtresse d'Hathor, maîtresse du sycomore.

Sur le mur nord Sechsecht est portée en palanquin par quatre femmes ; à côté d'elle marchent trois chiens et un singe. Les autres bas-reliefs de cette salle montrent les porteurs d'offrandes, le sacrifice des bœufs, la purification des aliments.

Les appartements funéraires de Teta-meri surnommé Mera ont été ajoutés après que le tombeau principal était déjà achevé : pour ouvrir la porte de communication on a détruit quelques scènes sculptées dans la grande salle A13.

Il n'est pas certain que ces pièces aient été construites pour Teta-meri, le nom de ce personnage étant presque partout gravé en surcharge, et les titres énoncés étant ceux de Mera. Les seules qualités qui appartiennent en propre à Teta-meri sont celles de « fils royal » dont il héritait du fait de sa mère et d' « instructeur des prophètes de la pyramide de Men-nefer du roi Pepi ».

Sur la paroi méridionale de la première salle, des files de serviteurs apportent les produits des marais : poissons, lotus, oiseaux aquatiques, etc. A l'ouest est représentée la chasse dans le désert : antilopes et gazelles sont prises au lasso ou forcées à la course par des lévriers. Sur la montagne sont représentés divers animaux : lions, renards, bouquetins, hérissons, etc.

Sur le mur oriental on voit d'abord les animaux de boucherie puis un grand parc rempli d'oies auxquelles on jette du grain. Plus loin les grues sont mises à part et gavées avec de la bouillie cuite.

La salle C2 dont les murs sont restés nus servait probablement de magasin.

Le fond de la troisième salle est constitué par une stèle, ornée d'une corniche à la partie supérieure, et peinte de façon à imiter le granit rose.

Sur les autres murs sont représentés l'abatage des bœufs, et la purification des aliments par les kher-heb.

La chambre C4 servait à la toilette du défunt ; sur les murs on ne voit que domestiques transportant coffres à vêtements et à bijoux, vases à parfums, pièces d'étoffes, etc.

Enfin, la troisième chambre était le serdab de Teta-meri.

Le mastaba de Ka-bi-n [1] est situé à l'est du précédent, dont il

1. La lecture de ce nom n'est pas certaine ; le second signe est un oiseau du

n'est éloigné que d'une douzaine de mètres. Comme lui, il fait partie des tombes entourant la pyramide du roi Teta.

Ce mastaba, dont la porte est dessinée dans les *Denkmaeler*, avait été en partie dégagé par Lepsius qui lui donna le n° 11 sur le plan de Saqqarah. Depuis, le sable l'avait complètement recouvert à nouveau ; les fouilles de cette année, interrompues pour le moment n'en ont fait connaître qu'une partie de la cour et six chambres ; peut-être existe-t-il une autre série de salles.

Au point de vue artistique, cette tombe est supérieure à celle de Mera ; dans quelques parties les bas-reliefs sont admirables de dessin et d'exécution.

La chambre 1 est réservée à la toilette : les parfums, parures, vêtements, etc., dont le transport est représenté sur le mur, devaient y être déposés.

Le fond de la deuxième salle est formée par une grande stèle en calcaire de Tourah. On remarque que les titres de Ka-bi-n sont presque identiques à ceux de Mera ; la plupart d'entre eux étant honorifiques, un grand nombre d'entre eux pouvaient être portés par divers personnages à la même époque. Ainsi le défunt est dit : « Prêtre de la pyramide Dad-astu du fils du Soleil Teta, secrétaire du tribunal, préfet, chef de la comptabilité royale, chef du Conseil des Six, préposé aux rapports, gardien de Nekhen, écrivain chef, administrateur du Duau-hor-khent-pet..., secrétaire en chef, officiant en chef, ami unique..., chancelier royal, préposé au midi et au nord, préposé aux greniers et au trésor, etc. »

Sur les murs nord et sud, les kher-heb purifient les innombrables offrandes apportées par les domestiques de Ka-bi-n.

A l'est, des bouchers découpent des bœufs dont l'épaule droite doit être présentée au défunt.

Dans la troisième salle, ne sont figurés que des porteurs d'aliments ; dans la quatrième sont représentés l'abatage des animaux et le mesurage des fruits.

genre *bi*, mais dont la tête est légèrement inclinée; peut-être faut-il lire Ka-kam-n.

Les scènes de la cinquième salle sont un peu plus variées.

Sur le mur ouest des oies sont laissées en liberté dans un parc, ou soumises à l'engraissement. Plus loin, des valets de ferme apportent la nourriture à des animaux domestiques, ainsi qu'à des hyènes ; de nombreux oiseaux se prennent dans les rets tendus par les oiseleurs.

Sur le mur nord, vingt hommes portent sur leurs épaules le palanquin dans lequel est assis Ka-bi-n.

Le mur ouest est consacré à la pêche : parmi les poissons pris, à la ligne ou au filet, les uns sont ouverts ou séchés, les autres, les plus gros, sont comptés et laissés entiers pour être consommés frais.

La grande cour n'est pas entièrement dégagée ; les parties voisines de l'entrée des chambres sont seules déblayées. A gauche de la porte, le défunt est représenté dans une barque au milieu de ses pêcheurs, à droite les bas-reliefs et les inscriptions ont été martelées ; au coin du mur est sont figurées des danseuses.

La cour renfermait un certain nombre de piliers carrés. L'un d'eux se trouve en face de la porte ; on y voit Ka-bi-n revêtu d'une grande robe à rayures.

Telles sont les scènes principales qu'on remarque dans ces deux mastabas.

Il est impossible à la plume de faire connaître dans une description aussi sommaire le détail des sujets représentés ; il y a tant de variété dans les poses et dans les objets figurés qu'il n'y n'y a, pour ainsi dire, pas une paroi qui ne soit digne d'attirer les regards du visiteur.

Saqqarah, 15 octobre 1893.

G. DARESSY.

STATUE DU DÉFUNT

Dans le Mastaba de MERRUKA

Phototypie Berthaud, Paris

371